구급책

황제펭귄

NN담NN정

구급책 (救急策)

[구:급책]

위급한 병에 쓰는 약방문.

[구급책 권장 사용법]

당신의 마음이 위급할 때, 읽어주세요.

그리고 누군가의 마음이 위급할 때, 나눠주세요.

오래오래 곁에 두고 필요할 때, 찾아주세요.

당신은 할 수 있어요.
어쩌면, 당신이기 때문에 할 수 있는지도 모르죠.
당신은 단 하나뿐인 당신이니까요.

당신은 충분한 능력을 가지고 있어요.

당신의 노력은 어떤 형태로든
당신에게 돌아올 거예요.
그러니 당신의 결정을 믿고
계속 나아가도 괜찮아요.

없다고 생각하고 있을지도 모르지만,

당신을 응원하고 있는 사람이 있답니다.

힘든 시간을 나아가는 동안
가장 중요한 것은 마음가짐이죠.
당신이 포기하지 않는다면,
이 시간도 곧 지나갈 거예요.
무언가 거창하게 이루지 않아도,
이 시간을 지나 보내는 것도
충분히 훌륭한 업적을 이룬 거예요.

원하는 목표를 이루지 못했다고 해서,
실패한 것은 아니에요.
목표를 향해 나아갔던 그 걸음걸음들이
당신만이 가진
하나뿐인 추억과 경험이 되었으니까요.
그것으로도 충분히 가치 있는 일이었답니다.

세상에 모두에게 옳은 정답은 없어요.
당신이 충분히 고민하고 결정했다면,
그래서 당신이 행복하다면,
당신은 훌륭하게 당신만의 정답을 찾아낸 거예요.

오늘 당신 정말 멋졌어요.
오늘 하루 당신에게 일어났던 그 모든 것들을,
어떻게든 넘어서 이렇게 당신만을 위한
시간을 찾아냈으니까요.

당신은 정말 무궁무진한 사람이에요.

당신의 매력을 잊지 말아요.

당신은 당신의 인생의 단 하나뿐인

평생의 주인공이에요.

그래서 당신의 이야기는

그 무엇보다 소중하답니다.

당신은 어떤 위기라도 극복할 수 있는
힘을 가지고 있어요.
때로 위기를 극복하기 어렵다고 느껴진다면,
어렵게 생각하지 말아요.
그 위기는 넘어서는데
조금 시간이 더 필요한 것뿐,
결국 극복할 거니까요.

나이는 중요하지 않아요.
나이가 적어도, 나이가 많아도,
당신은 언제나 당신인걸요.

모든 삶에는 용기가 필요하답니다.

나아가는 것도,

멈춰 서는 것도,

포기하는 것도,

모두 당신이 용기를 내어

선택해야지만 할 수 있는 것이죠.

그리고 당신은 참 용감한 사람이에요.

우주와 바다는 아직도 우리가 모르는 게 많다죠,

당신도 우주나 바다와 같아요.

무궁무진하죠.

그러니까 당신이 변한 게 아니라,

무궁무진함 속에서

새로운 게 떠오른 것뿐이에요.

이미 벌어진 일은 되돌릴 수 없어요.
대신 당신은 벌어진 일을 참고해서,
더 나은 방향으로 갈 수 있지요.

오늘 하루는 평소보다 조금 쉽지 않았네요.
그래도 덕분에 당신이 조금 더 성장했어요.
오늘 하루를 교훈 삼아서,
다음에 비슷한 일이 생기면 빠르게 도망갈지,
빠르게 해결할지 알 수 있을 테니까요.

해내지 못해 속상할 수 있어요.

그렇지만 꼭 다 잘해야만 하는 건 아니에요.

그리고 분명 노력하면 미래에는

오늘보다 더 잘할 수 있을 거예요.

희미하게 들리는 마음의 소리를

마주하는 것도 좋아요.

그럴 수 있어요.

이상하지 않아요.

잘못되지 않았어요.

꼭 다른 사람의 기대에 부응하지 않아도 괜찮아요.

그게 당신의 마음의 소리와는 다른 것이라면.

결국 중요한 건 당신이니까.

어떤 것이든,

당신을 두근거리게 하는 일이 있다는 건

좋은 거예요.

당신은 어떤 일을 할 때 가장 즐거운가요?
오늘은 잠깐이라도 좋으니 시간을 내서
당신이 좋아하는 걸 적어봐요.

산비탈에 나무를 심으면 뿌리가 흙을 잡아줘서

비가 많이 와도 비탈이 무너지지 않는대요.

당신의 마음에 남은 상처도

언젠가 흔적으로 남고,

그건 당신 안에서 나무뿌리처럼

마음을 무너지지 않게 잡아줄 거예요.

찬란하지 않아도 괜찮아요.
잔잔한 행복도 충분히 행복하니까

우리 모두는 이번 생이 처음이니까
앞이 보이지 않는 건 어쩌면 당연한 거예요.
무서운 것도,
걱정되는 것도,
그럴 수 있어요. 다 괜찮아요.

문제가 생겨버렸나요?

자책하게 되고,

자꾸만 도망가고 싶고,

피하고 싶다면 이렇게 말하는 거예요.

'어쩔 수 없지'

그리고 잠시 숨을 고르고,

이제는 문제를 해결하는 데에만 집중하세요.

괜찮아요.

괜찮아요.

괜찮아요.

고생했어요.

때로는 너무 힘이 들어가서 어려운 경우도 있어요.

호흡을 느끼면서 크게 세 번 심호흡하고,

어깨도 으쓱으쓱 세 번 올렸다 내리고,

긴장 풀고 다시 집중해 봅시다.

같은 상황에서

당신의 정답과 다른 사람의 정답이 다를 수 있어요.

그리고 그건 잘못되지 않았어요.

어디로 가야 할지 몰라서 두려운 때가 있죠.

그럴 땐 잠시 멈춰보는 것도 좋아요.

다른 건 틀린 게 아니에요.

다른 사람에게 당신을 맞출 필요는 없어요.

뭐 어때요.

당신은 당신인데.

오늘 하루도 잘 견뎌내고 있네요.

고마워요

게임도 경험치가 쌓여야
레벨이 오르고 보스도 잡을 수 있는 것처럼,
우리도 현실의 레벨을 착실히 올리면
분명 더 잘 이겨낼 수 있을 거예요.
조금만 더 시간을 갖자고요.

그럼에도 불구하고
삶을 살아간다는 건 대단한 일이에요.

결국 다정함이, 상냥함이 이길 거예요.

다만 상냥하되 단호하고,

다정하되 냉정해지는 연습이 필요하지요.

사람은 사랑으로 살아갑니다.

누군가를 사랑해도 좋고,

무언가를 사랑해도 좋아요.

그리고 무엇보다

나를 사랑해야 살아갈 수 있어요.

사랑하세요.

삶이란 날씨와 같아서

늘 좋을 수도 없고,

예측할 수 없는 일도 일어나죠.

그렇지만 그렇기에 맑은 날은 꼭 있어요.

맑은 날은 꼭 와요.

쉽게 잠이 오지 않는 날이 있어요.

그럴 땐 눈을 감고

오롯이 나의 숨에 집중해 보는 거예요.

몸의 긴장을 풀고 천천히 들어오는 공기를 느끼고,

또 내쉬는 숨을 느껴보세요.

때론 그렇게 나에게

집중하는 시간이 필요하니까요.

기분이 흐린 날에는

사랑을 주면 조금은 개는 것을 느낄 수 있어요.

지금 우울하다면,

사랑하는 대상에게 사랑을 표현해 보세요.

사랑하고 있어요.

아주 많이.

늘 행복하고 기쁘고 즐겁지 않아도 괜찮아요.

때로 아무 감정이 없을 수도 있고,

때로 우울할 수도 있고,

때로 슬플 수도 있죠.

보통의 삶은 그런 거니까요.

그러니 행복하고 기쁘고 즐거운 때는

최선을 다해 선명하게 즐기는 거예요.

필요할 때 언제든 추억을 꺼내볼 수 있도록.

오늘도 수고 많았어요.

당신 덕분에 오늘 하루가

여느 날과 같은 보통날 일 수 있었어요.

상실의 공허와 고통이 찾아오는 날에는

가만히 잃어버린 것을 추억해 봅니다.

즐겁고 행복했던 기억을 꺼내어 매만지면,

조금은 웃을 수 있어요.

날이 좋네요, 산책할까요 우리?

거창하게 어디를 가지 않아도 좋아요.

동네 한 바퀴, 편의점 가는 길, 목적 없는 발걸음…

그냥 걸어봐요.

스스로를 위한다는 것은

결코 이기적인 것이 아니에요.

누구보다 나 자신이 나를 위하는 것은

당연한 것이죠.

당신의 마음은 무어라 말하고 있나요?
찬찬히 마음의 소리를 들어보세요.
지금 처한 상황에 대해 결정이 필요할 때에는
나의 의지와 나의 생각에 귀 기울여야 합니다.

가끔 그런 날이 있어요. 칭찬받고 싶은 날.
나 정말 지금까지 많이 힘들었고,
잘 이겨냈다고 어디에든 말하고 싶은 날.
혼자서 정말 힘들었을 텐데 고생 많았고,
이겨내 주어서 고마워요.
진짜 정말 잘했어요.
앞으로도 잘 할 거예요.

핫케이크를 만들어봐요.

살짝 태워도 괜찮고,

뒤집다가 모양이 생각과 다르게 되어도 괜찮아요.

포근포근

달콤한 핫케이크는 행복한 맛이 나요.

너무 우울한 날은 애써 괜찮은 척

스스로를 속이지는 말아요.

울어도 돼요. 내 마음이 우울한걸요.

잘못된 것도 아니에요.

소중한 내 감정, 마음 상태의 표현인 거예요.

누구나 위로가 필요한 순간이 있죠.

모든 상황을 혼자 이겨낼 수는 없어요.

때로 기대고,

때로 손을 잡아달라 내밀어도,

괜찮아요.

봄에는 개나리, 철쭉, 벚꽃을 보러 가요.
여름에는 수국, 해바라기, 능소화를 보러 가요.
가을에는 코스모스, 국화, 사루비아를 보러 가요.
겨울에는 동백, 수선화, 매화를 보러 가요.
다양한 꽃들이 자신들의 계절에 꽃을 틔워요.
당신도 당신의 계절에 피어날 거예요.
그러니 당신의 모든 계절을 보러 갈게요.

길을 잘못 들었나요?
적어도 이 길이 아니라는 건 알았네요.
조금 헤매도 결국 경험과 추억이 될 테니
의미가 있어요.
자, 이제 다른 길로 가요.

누구에게나 내려놓는 것은 어려운 일이죠.
그러나 삶을 위해 짊어지기 시작한 것들을
때로 내려놓지 않으면 삶을 압도하게 돼요.
과적된 삶을 살지 말아요.
행복하게 살아야죠.
당신이 행복해야죠,

우울한가요?

화가 나나요?

슬픈가요?

무서운가요?

죽을 것 같은가요?

그럴 땐 조용히 스스로에게 물어봐요. 왜 그런지.

내가 해결할 수 있는 부분이 있다면

해결해 나가면 되니 감정에 압도되지 말아요.

그리고 내가 해결할 수 없는 건

'이건 내가 못해' 하고

멀리 던져버리자고요.

보통의 삶이라는 건 의외로 힘든 것이죠.

보통을 위해서는

하루하루를 치열하게 살아내야만 하니까요.

보통의 삶을 사는 당신은 정말 대단한 사람이에요.

신중한 것도 중요하지만

때로 빠른 실행이 필요할 때가 있어요.

그럴 땐 기세를 부려보는 것도 좋아요.

할 수 있다고 믿고,

순간에 대한 후회가 남지 않도록

최선을 다하는 거예요.

좋아함의 책을 만들어봐요,

좋아하는 것, 좋아하는 순간들을

좋아하는 감정과 함께 기록해 두는 거예요.

언제든 꺼내어 볼 수 있도록.

반짝이는 것을 좋아해요.

꼭 빛을 손에 쥔 것만 같거든요.

푸른 새벽을 좋아해요.

조용하고 때로 멀리서 들려오는 풀벌레 소리에

마음이 고요해지거든요.

당신의 책에는 어떤 내용이 쓰여 있나요?

감정이 앞서 내뱉은 말은

결국 나를 아프게 하죠.

대화 중에 감정이 격해진다면

잠시 심호흡을 하며 머리를 차갑게 하고,

이성을 가까이 두고 말해야

나를 아프지 않게 할 수 있어요.

취향이 변해간다는 건,

그만큼 경험하고 성장한 까닭일 수도 있어요.

변하는 자신을 이상하게 생각할 필요는 없어요.

사는 동안 내가 첫 번째로 좋아하는 것은

언제든 바뀔 수 있으니까요.

최근 하늘을 올려다보며

구름 구경을 한 적이 있나요?

잠깐 바람 쐬면서

하늘도 나무도 사람도 구경하는 건 어때요?

다른 사람의 위로가

마음까지 닿지 않는 날이 있죠.

그런 날은 스스로의 위로가 필요한 날이에요.

스스로를 미워하지 마세요,

당신은 충분히 사랑받아 마땅한 사람이에요.

그래선 안되는 사람은 없어요.
언제나 완벽한 사람일 필요는 없으니까요.
절박하게 완벽하려 하지 않아도 괜찮아요.

당신이 다 끌어안지 않아도 돼요.
때론 주변 사람들에게 기대도 괜찮아요.

다른 사람의 편견에 당신의 꿈을 맞추지 말아요.

당신의 꿈을 향해

나아가는데 필요한 조언을 들어요.

관계는 살아있는 생물과 같아서,

늘 같지 않고 계속 변해가요.

과거와 달라진 관계는 당연한 거예요.

자연스럽게 흘러가게 두어도 괜찮아요.

억지로 맞춰가는 관계라면

당신을 갉아먹을지도 몰라요.

사람은 기계가 아니에요.

당신도 기계가 아니에요.

너무 무리하지 말아요.

익숙함도 좋고 낯섦도 좋아요.
당신이 좋아하는 걸 따라가요.

실수를 했나요?

그것이 당신의 세상을 흔들었나요?

괜찮아요, 당신의 세상에 그 흔적을 잘 새겨두세요.

다음에는 같은 실수를 하지 않을 수 있도록요.

우리는 그렇게 배우고,

다음에 같은 실수를 하지 않을 때야

비로소 나아가는 거예요.

회사는 전쟁터고 그 밖은 지옥이라죠.
까짓것 전쟁터에서도 살아봤는데
지옥을 못 갈 건 또 뭐겠어요.
당신이 가고 싶다면 어디든 갈 수 있어요.

과거에 하고 싶었던 것이
지금은 하고 싶지 않은가요?
그럴 수 있죠,
과거의 나와 지금의 나는
살아온 경험이 다르니까.
'과거에 하고 싶었으니까'에
얽매이지 않아도 돼요.

사람은 혼자 살 수 없다지만,
혼자만의 시간은 필요하죠.
나의 내면과 오롯이 소통할 시간이 필요하거든요.
그것이 자아성찰이든, 완전한 휴식이든.

당신과 관련된 숫자들이

당신의 일부를 표현할 수는 있지만

숫자들만으로

당신을 100% 대변할 수는 없어요.

가족은 언제나 당신 편이면 좋겠지만,

그건 가정마다 달라요.

가족이더라도 차가운 머리로 생각하고,

아닌 건 아니라고 할 수 있어야 해요.

가족이라고 무조건 사랑하고 따를 필요는 없어요.

억지로 함께할 필요 없어요.

이 세상에서는

당신이 행복한 것이 가장 중요하거든요.

어른이 되면 뜨거운 것도 잘 만지고,

매운 것도 잘 먹고,

아픈 것도 잘 참게 된다고 했었어요.

그렇지만 저는 여전히 똑같더라고요.

뜨거운 건 손끝도 못 대고,

피망도 맵고,

아픈 건 아파요.

뭐 어때요, 그런 어른도 괜찮아요.

주인공으로 기억되는 사람도 좋지만,

누군가의 기억 중에

좋은 추억의 한 장면으로

기억되는 사람도 좋아요.

어떤 날은 전력을 다했다면
어떤 날은 얼레벌레하는 날도 있어야죠.

좋아하는 걸 좋아한다고 표현하는 건,

여물지 않은 것도,

철이 없는 것도,

부끄러운 것도 아니에요.

좋아하는 걸 좋아한다고 표현하는 건

당연한 거고, 행복한 일이죠.

누군가를 질투하는 건 당신이 그 사람을
싫어하거나 시기하는 것이 아니라,
존경하는 부분이 있다는 뜻일 거예요.
그러니 더 이상 그 사람을 질투하지 않도록,
앞으로 나아가서 따라잡고
끝내 따돌리는 거예요.

부지런하게, 열심히, 최선을 다해서
삶을 살아가는 건 정말 좋은 거예요.
다만 그 삶이 당신의 한계를 넘지 않도록
조절하는 게 필요해요.
한계를 넘는다는 건
당신이 무리하고 있다는 거니까.

인생에 너무 많은 것들을

꽉 채워 담아낼 필요는 없어요.

내가 좋아하는 것들로

소담하게 담아 가는 인생이 필요하죠.

세상에는 수많은 별만큼

수많은 가능성이 존재합니다.

바로 당신의 안에.

별을 보러 가도 좋아요.

바다를 보러 가도 좋아요.

영화도 좋아요.

사실, 그냥 같이 있기만 해도 좋아요.

당신을 사랑하는 사람들에게

당신은 그런 사람이에요.

당신은 늘 빛나는 존재라는 걸 기억하세요.
분명하게 말해줄 수 있는 건
당신에게는 당신만의 매력이 있다는 거예요.

때로 그런 날이 있어요.

엄청 바빴던 것 같은데,

아무것도 한 게 없는 것 같은 날.

그날은 당신이 소중한 경험을 쌓은 날이고,

당신의 일이 진행됨에 있어

중요한 과정을 진척시킨 날이고,

당신의 인생이 또 한 발자국 나아간 날이에요.

충분히 잘 하고 있어요.

그리고 수고했어요.

햇빛이 적당히 따스하고, 선선한 바람이 불어오고
하늘에 구름이 참 예뻐서
조금 덥다 싶으면 그늘막을 만들어 주는 그런 날.
마음 한쪽이 몽글몽글해지고
그저 밖을 바라만 보아도 편안해지는 날.
바람 소리, 새소리, 누군가의 목소리 같은
바깥소리가 아득하게 들려오고
자연스레 마음이 풀어지는 그런 날. 괜찮지 않나요?
매일이 거창한 행사 같은 날이 아니라
그런 날이어도 충분히 좋은 삶이에요.

때로는 얼레벌레.

삶이 언제나 긴장감으로 날 서 있을 필요는 없어요.

부정적인 감정에 침식되어 주변에 일어나는 모든 문제가
내 잘못인 것만 같고, 나만 없으면 다 해결될 것 같은 날.
그런 날 필요한 마법의 문장은 이거예요.
'내가 뭐라고?'
우리가 어떻게 세상의 모든 문제의 원인이 될 수 있겠어요.
잠시 심호흡하면서 뭉친 어깨에 힘도 풀고,
기지개도 켜고, 커피도 한 잔 타오고요.
그리고 냉정하게 다시 보는 거예요.
우리는 천재지변을 일으킬 수도 없고,
경제 위기를 불러오는 것도 아니에요.
우리가 뭐라고요.

모든 풍경이 그대로인데
나만 낯선 이방인처럼 부자연스러운 날.
모든 것이 공허하고 어딘가 모르게 허전한 날.
내가 지금 뭘 하고 있는 건지,
어디로 가는 건지 허탈해지는 날.
우는 방법조차 잊어버린 당신을 대신해서
마음이 온몸으로 울고 있는 날이네요.
고생했어요. 울어도 괜찮아요.
그리고 이렇게 마음을 마주해 주어서 고마워요.
이제 어떻게 하면 마음의 울음을 그치게 할지
생각해 보는 거예요. 답은 당신 안에 있을 거예요.

긴장이 도통 풀리지 않는 날이 있어요.

그런 날은 누군가 툭 건드리면

울어버리게 되기도 하고요.

그런 날은 어쩌면 도박이 필요한 날이에요.

기세로 밀고 나가는 거죠.

'뭐, 다 별거 아니야. 내가 최고야!' 하고 말이에요.

당신의 주위에 반짝이는 사람이 있나요?

그 사람과 함께하고 있나요?

그렇다면 당신도 충분히 반짝이고 있는

사람이라는 걸 알아줬으면 해요.

그 사람이 빛나는 위치에 당신도 함께하고 있다면,

당신도 그만큼 빛나고 있는 거예요.

하루에 한 번은 내가 좋아하는 것을 하거나
새로운 것을 배우는 시간을 가져봐요.
그 하루하루가 모여서 당신의 삶을
더 풍성한 기쁨으로 물들여 줄 거예요.

서투름은 능숙함의 반대가 아니에요.
서투르다는 건 능숙해질 수 있도록
나아가고 있다는 것이죠.
그리고 우리 모두는 서투르던 때가 있으니까요.

봄에 피는 개나리가 어여쁜 것처럼,
당신도 당신의 계절에 어여쁘게 피어날 거예요.
다른 사람들이 그네들의 계절에 피어나는 것에
조바심 내거나 걱정할 필요 없어요.
당신의 계절에는 당신이 그 누구보다 찬란할 테니.

우리 몸의 근육이 편안하게 이완되어 있는지를

느낄 수 있는 좋은 방법 중에 하나는

먼저 긴장시켰다가 긴장을 풀고 내려놓는 거래요.

나의 삶이 잘 나아가고 있는지 불안하다면,

뒤를 돌아보고 주변을 돌아보고

다시 나를 바라보는 것도 좋아요.

자신의 발전을 위해

스스로를 채찍질하는 것은 나쁜 것이 아니에요.

어쩌면 본인에게 가장 잘 맞는

방법일 수도 있으니까요.

다만, 채찍을 쥐고 있는 나는

나를 정말 사랑하고 있다는 게 먼저여야 해요.

나만 세상에 동떨어져 있는 기분이 드나요?
모두가 나를 그저 지나칠 뿐이라서
스스로의 존재에 의문이 드나요?
이 말에 집중해요. 지금, 여기 당신이 있어요,
걱정하지 말아요.
당신은 지금 여기 있고,
무엇이든 시작할 수 있어요.

행복해지기 위해서 꼭 할 수 있어야 하는 것은
도움을 받는 거예요.
세상은 이미 서로의 도움으로 돌아가고 있답니다.
도움을 받으면서 미안해하는 게 아니라
고마워하세요.
그리고 그 고마움을
마음에 따뜻하게 쌓아두고 기억해 두면,
언젠가 그 따뜻함을 다시 나눠줄 일이 생길 거예요.
그렇게 서로가 서로의 도움이 되는 것이
진정으로 도움을 받는 거랍니다.

누군가의 입장이 되어 본다는 건
너무나도 어려운 일이에요.
그러니 우리가 서로를
완벽하게 이해하지 못하는 건 당연할 수밖에요.
그건 당신의 잘못도, 상대의 잘못도 아니에요.

당신이 만나는 모든 사람들을
존경으로, 존중으로 대하세요.
당신이 존경과 존중을 받을 가치가 있듯,
그들도 존경과 존중을 받을 가치가 있답니다.
다만, 다른 이들이 보내는 존경과 존중에 기대어
무례해지지 않아야 하는 것도 꼭 기억하세요.

다른 사람들과 달라서 이상하지 않냐고요?

다른 사람이랑 똑같으면

그게 더 이상할 것 같지 않나요?

당신은 당신만의 가치를 가지고 있기에

소중한 사람이에요.

당신이 원하지 않는다면

당신의 가치를 훼손하면서까지 다른 사람들과

같아지려 하지 않아도 괜찮아요.

세상은 헤아릴 수 없을 만큼의
배려로 지탱하고 있어요.
그리고 당신의 배려도
세상이 이만큼 잘 지낼 수 있도록
지탱해 주고 있답니다.
배려는 결코 미련하거나 바보 같은 게 아니라,
공감 지능이 높은 거예요.
그러니 배려라는 건 당신의 기품을 보여주는
아주 멋진 일이랍니다.

잘하고 있고, 잘 될 거예요.

살다 보면 길을 잃어버릴 때도 있어요.

괜찮아요. 다시 가면 돼요.

나의 인생에서도,

다른 사람의 인생에서도 악역이 되지 말아요.

만약 당신이 의로운 일을 하는데

누군가 당신을 악역이라고 한다면,

그 사람이 당신의 인생의 악역인 거지

당신은 악역이 아니에요.

당신은 무엇과도 바꿀 수 없는

또 무엇과 바꿀 필요도 없는 당신입니다.

그러니 당신의 발전을 위해서

변화할 수는 있지만 타인 혹은 다른 무엇 때문에

그냥 바뀜 당하지는 말아요.

누군가를 정말 위한다면

그 사람을 위해 당신을 희생하지 마세요.

희생으로 당신을 소진하는 건

당신의 소진 뒤에 남은 그 사람을 해하는 거예요.

그러니, 당신을 먼저 챙길 수 있도록

스스로를 위할 줄 아는 사람이 되고 나서

소중한 사람을 챙겨주세요.

인생에선 때로 이해할 수 없지만

받아들여야 하는 것들이 있죠.

다른 말로 하면

이해하려 애쓰지 않아도 괜찮다는 말이에요.

받아들인 것만으로 충분해요.

내 인생인데

너무 많은 빌런이 있어서 지치는 날이 있지요.

그런 날에는 그보다 더 상냥하고 다정한 사람들이

당신을 생각하고, 위하고 있다는 것도 알아주세요.

때로는 생각의 관점을 바꾸는 것만으로
삶이 근사해 지기도 해요.
저는 상체가 길고 신체 비율이 안 좋은 게 아니라,
누구보다 앉은키가 커서 앉아서도
서있는 것처럼 공연을 볼 수 있는 사람이에요.

포기할 수밖에 없는 상황도 분명 있어요.

그러나 반대로 시작한다면

시너지가 나는 상황도 분명 있답니다.

멋진 어른인지는 모르겠지만,

세 가지 정도만 지켜도

꽤 괜찮은 어른이 되는 것 같아요.

거짓을 고하지 말고,

실수를 숨기지 말고,

책임을 미루지 않는 것 말이죠.

다른 사람에게 베푸는 것을
그들을 위해서라고 생각하지 말아요.
내가 누군가에게 무언가를 베푸는 거예요.
내가 하는 일은 내가 하고 싶어서 하는 거죠.
내가 나를 위해서 하는 일이에요.
그러니 보답을 바랄 수는 없는 거예요.
혹 보답이 돌아오지 않는 베풂으로
고민하고 있다면,
당신을 위해서 그냥 하지 마세요.

삶에서 가장 위험한 것은 괜찮다는 착각이에요.

정말 괜찮은지 언제든 마음의 소리를 들어야 해요.

외부의 다른 것들은 제쳐두고,

오롯이 당신만을 생각해서 스스로에게 물어보세요.

지금 어떤지,

어떤 감정과 어떤 생각을 하고 있는지.

오늘에 스미는

힘듦, 분노, 절망, 우울들이 너무 힘들었나요.

정말 수고했어요.

견뎌 내주어서 고마워요.

문제를 해결하는 방식이
언제나 하나만 있는 것은 아니에요.
여러 방법들을 찾아봐요, 우리.

사람들이 당신을 무어라 부르든

당신이라는 사람이 가지고 있는

가치는 변하지 않는다는 것을 꼭 기억하세요.

삶을 살아내다 보면

아프고 다치는 걸 피할 수는 없지만,

적어도 당신이 덜 아프고 덜 다치기를,

그래서 당신이라는 빛을 잃지 않기를 바라요.

가끔은 다른 길로 새도 괜찮아요.
그러다 예기치 못한 즐거움을 얻을 지도요.

오늘이 당신의 행운의 날이 될 수도 있습니다.

정말 멋진 하루가 될 지도요!

오늘은 무엇이든 당신이 마음먹고
실천하는 일의 1일째가 될 수 있는
눈부신 첫날이에요.

반짝이며 바스러지는 햇빛,

창문을 타고 흐르는 시린 빗방울,

발아래 이지러지는 낙엽 소리,

숨결에 밀려들어오는 겨울냄새.

어쩌면 세상을 살아가는 데 중요한 것 중 하나는

이런 평범한 일상을

느낄 수 있다는 점인지도 모르지요.

잠시 여유를 내어 일상을 느껴 보고,

그 기분을 마음속에 새겨 두었다가

마음이 지치는 어느 날 다시 꺼내보아요.

우리 서로가 틀린 것이 아닌 다른 것임을 알 때,
그리고 그 다름이 모여 다채로움이 됨을 깨달을 때,
인생은 한층 더 흥미로워질 거예요.

삶에서 무기를 찾기보다는,

삶에서 의미를 찾길 바라요.

앎에서 약점을 찾기보다는,

앎에서 가치를 찾길 바라요.

가시를 내어 옆을 찌르기보다는,

줄기를 내어 서로 공고해지기를 바라요.

긍정의 감정은 은근한 힘이 있어서 은은하지만

계속해서 퍼져나가곤 해요.

그러니 오늘은 주변에

긍정의 감정을 내비쳐 보아요.

긍정의 에너지는

깨달음을 통해 증폭시킬 수 있죠.

좋은 순간이 있었다면 그 좋은 기분으로 하루를

바라보며 지내어 좋은 하루를 만들 수 있어요.

그리고 부정의 에너지는

깨달음을 통해 격리시킬 수 있어요.

나쁜 순간이 있었다면

그 나쁜 기분은 그 순간 속에 묻어버리고

나쁘지 않은 하루를 만들 수 있어요.

좋아하는 이들과 맛있는 걸 나누면서

아늑한 행복을 즐기는 건,

어쩌면 우리가 살아가는 진정한 이유인지도요.

사람이란 참으로 복잡한 존재이지요.

누군가는 어쩌면 평생 모든 것이 일관될 수도 있고,

누군가는 취향이 바뀌기도 하고,

성격이 바뀌기도 해요.

그러니 매력적인 거예요.

삶에서 결정을 내릴 때,
심사숙고하는 것도 필요하지만
매번 그럴 필요는 없어요.
그냥 그렇게 하는 경우도 있는 거죠.
때론 가볍게 결정하고
넘어가야 하는 것도 있는 거니까요.

매력은 외적인 요소에서만 나오는 건 아니에요.

사람의 성격, 책임감, 배려심, 신념, 지식,

청렴함, 건강함 등 다양한 것들이 매력이 될 수 있어요.

그러니 부디 당신의 매력을 꽃피우세요.

다른 사람들에게 피해를 주지 않으면서
당신의 행복을 향해 나아가고 있다면,
그것만으로 충분히 훌륭해요.

가까이 있는 사람을
당연하게 생각하고 있지는 않나요?
가까운 사람일수록 예의를 다해 대해야
관계를 지속할 수 있어요.
쉽게 생각하고 쉽게 대하는 관계는
쉽게 없어진답니다.

즐거움도 행복도, 움직이지 않으면
스스로 다가오지는 않아요.
그러니 조금 더 행복하고
조금 더 즐거운 나날을 위해서,
지금 움직여요 우리.

당신의 인생의 대표는 당신이에요.

회사의 대표가 안팎의 사정을 살피고

중요한 안건의 최종 결정을 내리듯,

당신도 주변에 피해가 가진 않을지 고민하고,

그리고 당신의 마음의 사정을 살펴서

중요한 선택을 하는 건, 어쩌면 당연한 거예요.

스스로의 사정을 살피는 건

결코 이기적인 게 아니에요.

스스로의 자리에서 열심히 일하는 사람을
비난할 자격이 있는 사람은 아무도 없습니다.
열심히 하는 사람에게 '뭘 그렇게 열심히 해,
그런다고 네가 특별해지지 않아'라는 말을
인생 선배의 조언이 것처럼 말하는 사람은
특히나 더 그런 조언을 할 자격이 없는
사람인 경우가 많더라고요.
내가 열심히 하겠다는데 뭐 어때요.
저런 얘기는 귀담아듣지 말아요.

다른 사람들은 내가 아니에요.
누구도 당신을 대신해 줄 수 있는 사람은 없어요.
당신은 이 세상에서 유일한,
단 하나의 가치를 가진,
특별한 사람이에요.
유토피아가 어디에도 존재하지 않는 이유는,
각자의 유토피아는 모두가 태어날 때부터
청사진이 생기기 때문이에요.
당신의 유토피아 설계도는
당신만 가지고 있거든요.
그러니까, 만들어 낼 수 있어요.

가끔 좋아하는 것이 없다고 생각될 때가 있어요.
이런 때 진짜 없어진 건 좋아하는 게 아니라
여유일지도 몰라요.
나를 마주하는 시간을 조금이라도 가져요.
그러면, 가리어졌던 좋아하는 것들이
다시 보일 지도요.

호불호라는 단어는 어쩌면
세상에서 가장 철학적인 단어인지도 몰라요.
세상 모든 사람들이 좋아하는 건 없거든요.
좋아하는 사람도 있고,
싫어하는 사람도 있어요.
그게 자연스러운 거예요.

엉킨 실타래는 천천히 풀어내는 것도,

잘라내는 것도 방법이에요.

당신의 행복은 다른 사람이
판단할 수 있는 게 아니에요.

너무 치열하게 인생 전부를 살아 낼 필요는 없어요.

어쩌면 나를 한정 짓고, 발목을 잡은 것은
나의 생각이었는지도 모릅니다.
스스로의 가능성을, 의지를, 소망을
의심 말고 믿어주세요.

살면서 누구나 되돌리고 싶은 순간이 있어요.
그리고 모두가 되돌릴 수 없다는 사실도 알고 있죠.
그때 그랬더라면, 그때로 돌아간다면에
갇히지 말아요.
그러니 앞으로는 이렇게 해야지 하고
나아가는 거예요.

인생이란 드넓은 우주로 떠나는
각자의 여정과도 같아서,
모두가 처음이고 낯선 시작을 경험하고
한발 한발 내디디며 배워가는 것이 당연한 거예요.
이런 처음들로 문득 외로움과 고독이 밀려든다면 어딘가에
당신처럼
우주를 헤쳐나가고 있을
다른 여행자들이 있음을 기억해 주세요.
누군가에게는 당신이 이정표가
되어 줄 수 있음을 알아주세요.

나를 다듬는 건 참 중요한 거예요.
스스로에게 더 사랑스러운 내가 되기 위해서
건강을 신경 쓸 수도, 명상을 할 수도,
베풂을 삶의 일부로 삼을 수도 있겠죠.
무엇이든 좋아요.
단, 남의 눈에 들기 위해
당신을 잘라내지는 말아요.

함께하면 즐거운 사람을 만나요.
그런 사람은 일방적으로 당신을 희생해서야
만날 수 있는 게 아니라,
서로를 위해 양보하고,
받은 양보에 감사하는 사이에요.

말하지 않아도 알 수 있는 건 없어요.
말해줘요, 당신을 들려줘요.

적막에서 안락함을 얻는 사람도 있고,
적막에서 불안감을 얻는 사람도 있어요.
내게 좋은 것이 모두에게 좋은 것은 아니라는 걸
이해하는 건 더 나은 삶을 살아가는데
도움이 돼요.

때로 도달할 수 없는 목표를 향해

꿋꿋하게 나아가는 것.

그건 우스운 것도 아니고,

미련한 것도 아니고,

바보 같은 것도 아니에요.

삶에 녹아있는 낭만의 부분인 거죠.

물론, 낭만이 메마른 사람들은 이해 못할 테지만,

어차피 나의 낭만을

남이 이해할 필요는 없으니까요.

어딘가를 떠난다는 건,

그것이 장소일 수도

소속되었던 집단일 수도

관계일 수도 있지만,

그 어느 때에도 당신이 나쁜 기억은 그곳에 놓고,

좋은 추억만 마음에 담아서 갔으면 좋겠어요.

당장 내일의 미래를 알려줄 수는 없지만,

적어도 당신의 일상에 작은 쉼이, 위로가, 격려가

그리고 즐거움이 되어줄 수 있으면 좋겠어요.

오늘 당신의 하루는 어땠나요?

내 문장들이 당신에게 얼마쯤 가닿았을까요?

오늘은 닿지 못했어도

언젠가 필요할 때, 꼭 닿을 수 있지 않을까요?

당신이라는 사람을 알게 되어 정말 좋았어요.

당신은 어디에서든 잘 할 거예요.

우주의 어느 구석에서 당신의 나아가는

걸음걸음을 늘 응원하고 있을게요.

초판 1쇄 발행 : 2025년 6월 18일
초판 2쇄 발행 : 2025년 7월 23일

지은이 황제펭귄
펴낸이 조성은

펴낸곳 시시담시시청
출판등록 제2023-000080호
전자메일 sisidamsisichung@gmail.com
ISBN 979-11-985113-9-3 (00810)

이 책의 판권은 지은이와의 계약으로 시시담시시청에 있습니다.
저작권법에 의해 보호를 받는 저작물이므로 무단 복제와 전재를 금합니다.
잘못 인쇄된 책은 구입처에서 바꾸어 드립니다.